Frank-Walter St

Es lebe
unsere
Demokratie!

Frank-Walter Steinmeier

Es lebe unsere Demokratie!

Der 9. November 1918 und die deutsche Freiheitsgeschichte

Siedler

Zum Geleit

Starke Fliehkräfte zerren an unserer Gesellschaft. Umso dringender brauchen wir den verbindenden Moment. Dafür spielt der Blick auf unsere eigene Geschichte eine entscheidende Rolle. Jedes Volk sucht Sinn und Verbundenheit in seiner Geschichte – warum sollte das für uns Deutsche nicht gelten? Der 9. November, dieses vielschichtige Datum, kann uns Orientierung geben für einen aufgeklärten, einen demokratischen Patriotismus.

»Es lebe die deutsche Republik!«

Was war das für ein gewaltiger Umbruch, den Philipp Scheidemann am 9. November 1918 den Menschen auf den Straßen Berlins verkündete, hier an diesem Ort, von einem Fenster des Reichstags aus: der Zusammenbruch des Kaiserreichs, das Ende einer jahrhundertealten monarchischen Ordnung, der Beginn einer demokratischen Zukunft für Deutschland.

Was für ein Ausruf in den letzten Tagen des Weltkriegs. Welche Botschaft für müde, ausgemergelte Männer und Frauen, für ein vom Krieg gezeichnetes Land, für die Städte, Kasernen, Betriebe, in denen Meutereien und Massenstreiks wie ein Lauffeuer um sich griffen, in dieser explosiven Stimmung aus Protest, Hunger, Ungewissheit.

Endlich Frieden, endlich politische Selbstbestimmung und soziale Gerechtigkeit – das war die Verheißung jener Worte. Ein Lichtblick an einem trüben Novembertag!

Die Geburtsstunde der Republik

Die Revolution, so ungeplant und improvisiert sie auch war, steht für eine tiefgreifende Zäsur in der deutschen Geschichte, für einen Aufbruch in die Moderne.

Viele ihrer Errungenschaften prägen heute unser Land, auch wenn uns das nicht jeden Tag bewusst ist. Die Revolution brachte allen deutschen Parlamenten das allgemeine und gleiche Wahlrecht – endlich, zum ersten Mal auch für die Frauen! Sie bahnte den Weg zur Weimarer Nationalversammlung, zu einer republikanischen Verfassung, zur parlamentarischen Demokratie, der ersten in der Geschichte unseres Landes. Auch Grundsteine des modernen Sozialstaats legte diese Revolution: Achtstundentag, Tarifpartnerschaft, Mitbestimmung durch Betriebsräte – all das steht für den sozialen Fortschritt, der damals inmitten der Nachkriegswirren begann.

Aber trotz alledem hat die Revolution bis heute kaum Spuren im Gedächtnis unserer Nation hinterlassen. Der 9. November 1918 ist auf der Landkarte der deutschen Erinnerungsorte zwar verzeichnet, aber er hat nie den Platz gefunden, der ihm eigentlich zusteht. Er ist ein Stiefkind unserer Demokratiegeschichte – eben auch, weil der 9. November ein ambivalenter Tag ist, weil er für Licht und für Schatten steht, weil wir jene Demokratie, die damals begann, fast nie von ihrem Anfang, sondern meist von ihrem Ende her denken.

Manchmal scheint mir, als sei jene Zeitenwende auf ewig überschattet vom Scheitern der Republik, als sei der 9. November 1918 diskreditiert und entwürdigt durch den 30. Januar 1933. Ja, das Ende der Weimarer Republik führte hinab ins furchtbarste Kapitel der deutschen Geschichte. Aber: Historisch gescheitert ist nicht die Demokratie – historisch gescheitert sind die Feinde der Demokratie. Der übersteigerte Nationalismus, die Diktatur, die menschenverachtende Ideologie der

Nationalsozialisten haben Europa mit Krieg und abscheulichen Verbrechen überzogen. Sie haben dieses Land politisch und moralisch ruiniert. Zu unser aller Glück erhielten wir eine neue Chance auf Selbstbestimmung in Einheit und Freiheit – und diese Chance ist Wirklichkeit geworden: Sie, die Republik, hat sich historisch behauptet. Das dürfen wir hundert Jahre später für uns festhalten, und ich füge hinzu: auch feiern!

Dabei bleibt natürlich richtig: Jene Revolution war vom ersten Tag an auch eine paradoxe, eine widersprüchliche Revolution. Ihre Geschichte lässt sich nicht geradlinig erzählen. Doch welche deutsche Geschichte lässt sich das schon?

Die Widersprüchlichkeit der Revolution zeigte sich bereits am selben 9. November, als Karl Liebknecht, der Führer des Spartakusbundes, ein zweites Mal die Republik ausrief – nur zwei Stunden nach Philipp Scheidemann. Friedrich Ebert wollte zuvörderst Chaos, Bürgerkrieg und ein militärisches Eingreifen der Siegermächte verhindern; er war getrieben von dem Wunsch, den Menschen Arbeit und Brot zu geben. Der Rat der Volksbeauftragten sah seine Handlungsspielräume eng begrenzt in diesen ungewissen Monaten, im Strudel radikalerer Kräfte von rechts wie von links.

Und doch hätten die Volksbeauftragten wohl mehr Veränderung wagen müssen, als sie aus ihrer damaligen Sicht für verantwortbar hielten. Zu viele geschworene Gegner der jungen Republik behielten ihre Ämter in Militär, Justiz und Verwaltung. Sicher: Gegen den Versuch der radikalen Linken, die Wahlen zur Nationalversammlung mit Gewalt zu verhindern, mussten die Volksbeauftragten um Friedrich Ebert sich zur Wehr setzen. Aber es gab keinerlei Rechtfertigung dafür, der Brutalität nationalistischer Freikorps faktisch freie Hand zu lassen. Viele wurden damals ermordet, unter ihnen Rosa Luxemburg und Karl Liebknecht. Auch der vielen Opfer jener Tage wollen wir heute gedenken.

Ja, diese Revolution war auch eine Revolution mit Irrwegen und enttäuschten Hoffnungen. Aber es bleibt das große Verdienst der gemäßigten Arbeiterbewegung, dass sie – in einem Klima der Gewalt, inmitten von Not und Hunger – den Kompromiss mit den gemäßigten Kräften des Bürgertums suchte, dass sie der parlamentarischen Demokratie den Vorrang gab.

Der 9. November 1918 ist ein Meilenstein der deutschen Demokratiegeschichte: Er steht für die Geburt der Republik in Deutschland. Er steht für den Durchbruch der parlamentarischen Demokratie. Und deshalb verdient er einen herausragenden Platz in der Erinnerungskultur unseres Landes. Denn: Wer heute glaubt, unsere Demokratie sei doch mittlerweile eine Selbstverständlichkeit und dieses Parlament ein Alltagsgegenstand, ganz wie ein altes Möbelstück – der schaue auf jene Tage! Nein, dieses Parlament ist keine Selbstverständlichkeit und erst recht keine Nebensache. Es ist eine historische Errungenschaft, und für diese Errungenschaft, für dieses Erbe müssen wir streiten – überall, aber zuallererst in diesem Haus!

In der Weimarer Republik hat der 9. November nie die symbolische Kraft eines Gründungsmythos gewinnen können. Selbst entschiedene Republikaner mochten sich nicht aus vollem Herzen zu einer Revolution bekennen, deren Sonne so »getrübt« aufgegangen war, wie Theodor Wolff an ihrem ersten Jahrestag im Berliner Tageblatt schrieb. Statt Einheit zu stiften, verschärfte die Erinnerung an den 9. November sogar die ideologische Spaltung der Gesellschaft: Für Teile der radikalen Linken stand das Datum für den vermeintlichen Verrat an der Arbeiterklasse, für die Republikfeinde von rechts für ihre Lüge vom »Dolchstoß«, dem angeblichen Verrat an den Frontkämpfern. Es war kein Zufall, dass Adolf Hitler ausgerechnet am 9. November 1923 in München den ersten Anlauf zum Sturz der Republik unternahm, jenes »undeutschen Systems«, dessen

Repräsentanten die völkische Rechte mit mörderischem Hass überzog.

Insbesondere war es die Flagge der Republik, auf die es ihre Feinde abgesehen hatten und die sie immer wieder in den Schmutz zogen: Schwarz-Rot-Gold, die Farben der deutschen Freiheitsbewegung seit dem Hambacher Fest von 1832. Das allein ist Grund genug, den 9. November 1918 aus dem geschichtspolitischen Abseits zu holen. Wer heute Menschenrechte und Demokratie verächtlich macht, wer alten nationalistischen Hass wieder anfacht, der hat gewiss kein historisches Recht auf Schwarz-Rot-Gold!

Die Revolution von 1918 / 19 war ein Aufbruch in die Demokratie, in ein politisches Experiment mit offenem Ausgang. Heute wissen wir, welch schwere Lasten die Zeitgenossen zu schultern hatten, die damals in Reich und Ländern die Demokratie erprobten.

Der verlorene Krieg und sein blutiges Erbe der Gewalt, die Folgen des Versailler Vertrages, die Wirbelstürme von Wirtschaftskrise und Inflation, von Hunger und Massenelend – all das belastete die Weimarer Republik und überforderte sie bisweilen auch.

Und es war vor allem die lange Tradition antiliberalen Denkens, die die politische Kultur der Republik vergiftete: Intellektuelle wie Carl Schmitt zogen gegen den Interessenpluralismus der

»modernen Massengesellschaft« zu Felde und schmähten die »taktischen Kompromisse und Koalitionen« einer so genannten politischen »Klasse«. Vertreter der radikalen Linken geißelten Parlamente und Regierungen als Herrschaftsinstrumente der »bürgerlichen Klasse«.

Wenn wir uns diese Anfechtungen heute vor Augen führen, dann wird uns bewusst, wie beeindruckend die Leistung derjenigen war, die damals politische Verantwortung schulterten: die eine demokratische Verfassung auf den Weg brachten, das Justiz- und Bildungssystem modernisierten, für Wohnungsbau und Arbeitslosenversicherung sorgten, die Kunst und Wissenschaft erblühen ließen und – in all diesen Jahren – höchst zerbrechliche Koalitionen durch innen- wie außenpolitische Krisenstürme steuerten: Reichskanzler und -minister wie Hermann Müller, Gustav Stresemann oder Matthias Erzberger, Abgeordnete wie Marianne Weber und Helene Weber, Ernst Heilmann, Marie-Elisabeth Lüders oder Marie Juchacz. Zu viele von ihnen sind heute vergessen.

Auch in Justiz und Verwaltung stützten überzeugte Demokraten den Verfassungsstaat. Staatsrechtslehrer wie Hugo Preuß, der Vater der Weimarer Reichsverfassung, Gerhard Anschütz, Richard Thoma, Hermann Heller oder Hans Kelsen entwickelten Ideen, die noch heute inspirieren. Wissenschaftler wie der Nationalökonom Moritz Julius Bonn oder der Theologe Ernst Troeltsch brachten liberales Denken voran. Viele, die sich für die Republik engagierten, wurden von den Feinden der Demokratie verhöhnt, verfemt und angegriffen. Führende Politiker wie Erzberger und Walther Rathenau fielen rechtsextremen, meist antisemitisch motivierten Morden zum Opfer.

Lassen Sie uns nicht länger behaupten, dass die Weimarer Republik eine Demokratie ohne Demokraten war! Diese mutigen Frauen und Männer standen viel zu lange im Schatten der Geschichte vom Scheitern der Weimarer Demokratie.

Ich finde: Wir schulden ihnen Respekt, Hochachtung und Dankbarkeit.

Das Denken und Handeln der Weimarer Demokraten wirkte über die erste Republik hinaus. Die Mütter und Väter der Bundesrepublik, von denen viele in der Weimarer Zeit geprägt worden waren, konnten nach 1945 auf deren Kenntnissen aufbauen und auch aus ihren Irrtümern lernen. In den Worten von Heinrich August Winkler: »Dass Bonn nicht Weimar wurde, verdankt es auch der Tatsache, dass es Weimar gegeben hat.«

Ich will seinen Gedanken auch für unser heutiges Berlin in Anspruch nehmen. Ja, wir leben in Zeiten, in denen die liberale Demokratie wieder unter Druck gerät, in denen ihre Gegner lauter und selbstbewusster werden. Aber wenn bisweilen, in raunenden Tönen, vor »Weimarer Verhältnissen« gewarnt wird, dann weise ich das entschieden zurück. So machen wir unsere Demokratie kleiner und ihre Gegner größer, als sie sind! Und für beides besteht kein Grund.

Gerade wenn wir uns an die mutigen Frauen und Männer von damals erinnern, wenn wir ihre Erfahrungen als unseren Fundus begreifen, dann habe ich die Hoffnung: Nicht nur unsere Institutionen sind fester und wehrhafter errichtet, sondern vor allem wir als Demokraten können lernen von denen, die vor uns kamen. Freiheit, Rechtsstaatlichkeit und Demokratie sind unser Erbteil von diesen Müttern und Vätern – lassen Sie es uns selbstbewusst beanspruchen, und lassen Sie es uns klug und wachsam pflegen!

Die Ambivalenz der Erinnerung

Am 9. November erinnern wir Deutsche an beides: an Licht und an Schatten unserer Geschichte. Dieser Tag ist ein Tag der Widersprüche, ein heller und ein dunkler Tag, ein Tag, der uns das abverlangt, was für immer zum Blick auf die deutsche Vergangenheit gehören wird: die Ambivalenz der Erinnerung.

Vor genau achtzig Jahren, in der Nacht vom 9. auf den 10. November 1938, brannten in Deutschland die Synagogen. Jüdische Geschäfte wurden geplündert und zerstört. Hunderte Frauen und Männer wurden von Nationalsozialisten getötet, begingen Selbstmord oder starben, nachdem sie in Konzentrationslagern misshandelt worden waren. Diese Pogrome – damals für alle sichtbar – waren ein Vorbote der Verfolgung und Vernichtung der europäischen Juden. Sie stehen für den unvergleichlichen Bruch der Zivilisation, für den Absturz Deutschlands in die Barbarei. Wir gedenken heute der Opfer des Nationalsozialismus, und wir wissen um unsere Verantwortung – eine Verantwortung, die keinen Schlussstrich kennt.

Dieser 9. November stellt uns, verdichtet in einem einzigen Datum, vor die wohl schwierigste und schmerzhafteste Frage der deutschen Geschichte: Wie konnte es sein, dass dasselbe Volk, das am 9. November 1918 den Aufbruch in demokratische Selbstbestimmung wagte; das in den Folgejahren auf so vielen Gebieten menschlichen Strebens Fortschritte feierte; das in seinen Konzertsälen Symphonien lauschte und in seinen Nachtclubs Swing tanzte; dessen Wissenschaftler Nobelpreise gewannen; dessen Arbeiter genossenschaftliche Siedlungen bauten; dessen Künstler Traditionen über den Haufen warfen; dessen Kinofilme die Welt begeisterten – wie konnte es sein, dass dieses selbe Volk innerhalb weniger Jahre in demokratischen Wahlen den Demokratiefeinden zur Mehrheit verhalf; seine europäischen Nachbarn mit Krieg und Vernichtung überzog; wegschaute, wenn nicht gar gaffte und jubelte, wenn daheim in der eigenen Straße jüdische Nachbarn, Homosexuelle, seelisch Kranke aus ihren Häusern gezerrt wurden, abgeführt von den Schergen eines verbrecherischen Regimes – eines Regimes, das jüdische Familien in Viehwagen pferchte und Eltern mit ihren Kindern in Gaskammern schickte?

Dies bleibt die schwierigste und schmerzhafteste Frage der deutschen Geschichte.

Die Antwort kann kein Historiker-Kongress uns abnehmen. Keine historische Einordnung kann unser Herz beruhigen. Die Antwort ist überhaupt nicht allein mit Worten zu geben. Sondern wir können sie nur durch unser Handeln geben.

Erinnerung, die nur pflichtbewusst an Gedenktagen unsere Lippen bewegt, die aber nicht mehr unser Handeln prägt – eine solche Erinnerung erstarrt zum Ritual. Schlimmstenfalls führt sie sogar zu Ressentiments, zu Entfremdung zwischen offiziellem Gedenken und dem Lebensalltag, dem Empfinden der Bürgerinnen und Bürger, gerade der jungen Menschen, die sagen: »Was hat das denn mit mir tun?«

In unserem Handeln müssen wir beweisen, dass wir, die Deutschen, wirklich gelernt haben, dass wir wirklich wachsamer geworden sind im Angesicht unserer Geschichte: Wir müssen handeln, wo auch immer die Würde eines anderen verletzt wird! Wir müssen gegensteuern, wenn eine Sprache des Hasses um sich greift! Wir dürfen nicht zulassen, dass einige wieder von sich behaupten, allein für das »wahre Volk« zu sprechen, und andere ausgrenzen! Wir müssen widersprechen, wenn Gruppen zu Sündenböcken erklärt werden, wenn Menschen einer bestimmten Religion oder Hautfarbe unter Generalverdacht gestellt werden, und wir lassen nicht nach in unserem Kampf gegen den Antisemitismus! Wir müssen verhindern, dass sich die Gruppen immer mehr voreinander verschanzen. Wir müssen uns aufraffen und aufeinander zugehen! Wir müssen dafür sorgen, dass diese Gesellschaft mit sich selbst im Gespräch bleibt!

Und – auch das: Wir müssen wieder kämpfen für den Zusammenhalt in Europa, und wir müssen streiten für eine internationale Ordnung, die angefochten wird – selbst von unseren Partnern. Denn dieser europäischen Einigung und dieser internationalen Ordnung haben wir es zu verdanken, dass wir Deutschen heute wieder ein Volk sind, das wirtschaftlich und politisch zu Kräften gekommen ist; das in seiner großen Mehrheit weltoffen und europäisch leben will; das von vielen in der Welt geachtet, ja sogar geschätzt wird; das immer noch in seinen Konzertsälen Symphonien lauscht und in seinen Nachtclubs heute vielleicht nicht mehr zu Swing, sondern zu Electro-Beats tanzt; dessen Wissenschaftler auch wieder Nobelpreise gewinnen; dessen Athleten Rekorde brechen; dessen Unternehmen und Universitäten junge Menschen aus der ganzen Welt anziehen, ja sogar – und darüber freue ich mich ganz besonders – viele aus Israel.

Dass wir diesem großen Glück durch unser Handeln gerecht werden – das ist der wahre Auftrag dieses Tages. Er richtet sich an jeden Deutschen, weit über Gedenkstunden hinaus. Nehmen wir diese Verpflichtung an!

Berlin ist nicht Weimar und wird es nicht werden. Die Gefahren von gestern sind nicht die Gefahren von heute. Wer immer nur vor der Wiederkehr des Gleichen warnt, droht neue Herausforderungen aus den Augen zu verlieren. Aber: Erinnerung kann den Blick schärfen für neue Anfechtungen. Und die gibt es gewiss.

So wenig der Demokratie am 9. November 1918 ihr Scheitern schon vorherbestimmt war, so wenig ist heute, einhundert Jahre später, ihr Gelingen garantiert. Wir beobachten ein wachsendes Unbehagen an der Parteiendemokratie, bis hinein in die Mitte unserer Gesellschaft. Wir erleben, wie manche die Parlamente gar nicht mehr als Orte für politische Lösungen ansehen wollen. Nicht alle diese Menschen sind Gegner der Demokratie – aber sie fehlen der Demokratie. Gerade die Geschichte der Weimarer Republik zeigt doch, wie sehr wir Bürgerinnen und Bürger brauchen, die bereit sind, Verantwortung zu übernehmen, die sich den Mühen demokratischer Politik aussetzen – weil sie an ihren Wert glauben.

Ich wünsche mir, dass heute, an ihrem hundertsten Geburtstag, möglichst viele Menschen in unserem Land dem Wert der parlamentarischen Demokratie nicht nur nachspüren – sondern dass sie daraus die Kraft schöpfen, den Mut fassen, sich in dieser und für diese Demokratie zu engagieren. Denn: Mut, den braucht es dafür auch heute. Aber: Ihn zu haben, ist heute zum Glück doch so viel leichter als in der ersten deutschen Demokratie nach 1918!

Aber der Mut des Einzelnen wird nicht genügen. Wir brauchen den verbindenden Moment. Denn wir spüren doch, dass große Fliehkräfte an unserer Gesellschaft zerren, dass die Gräben tiefer werden, nicht nur die ökonomischen, sondern auch kulturelle.

Wir alle haben ein tiefes Bedürfnis nach Heimat, Zusammenhalt, Orientierung. Und dafür spielt der Blick auf die eigene

Geschichte eine entscheidende Rolle. Jedes Volk sucht Sinn und Verbundenheit in seiner Geschichte – warum sollte das für uns Deutsche nicht gelten?

Wir brauchen die Erinnerung. Auch deshalb ist heute ein wichtiger Tag. Der 9. November kann Orientierung geben – ja –, aber keine Eindeutigkeit.

Man kann diese Bundesrepublik nicht begründen ohne die Katastrophe zweier Weltkriege, ohne das Menschheitsverbrechen der Shoah. Sie sind unverrückbarer Teil unserer Identität.

Aber: Die Bundesrepublik erklärt sich auch nicht allein ex negativo, nicht allein aus dem »Nie wieder!«. Man kann unser Land nicht begründen ohne die weit verzweigten Wurzeln von Demokratie- und Freiheitsbestrebungen, die es über Jahrhunderte hinweg gegeben hat und aus denen die Bundesrepublik nach 1945 auch wachsen konnte.

Ich weiß: Es ist schwer, beides im Herzen zu tragen. Aber wir dürfen es versuchen. Wir können stolz sein auf die Traditionen von Freiheit und Demokratie, ohne den Blick auf den Abgrund der Shoah zu verdrängen. Und: Wir können uns der historischen Verantwortung für den Zivilisationsbruch bewusst sein, ohne uns die Freude über das zu verweigern, was geglückt ist in unserem Land.

Ja: Wir dürfen uns diesem Land anvertrauen – auch wenn, oder gerade weil beides in ihm steckt. Denn wir nehmen uns beides zu Herzen. Das ist der Kern eines aufgeklärten Patriotismus. Es geht ihm weder um Lorbeerkränze noch um Dornenkronen. Er ist niemals laut und auftrumpfend – er ist ein Patriotismus mit leisen Tönen und gemischten Gefühlen.

Manche mögen das als eine Schwäche ansehen – ganz besonders die, die einen neuen, aggressiven Nationalismus schüren. Ich empfinde das genaue Gegenteil. Der Nationalismus vergoldet die eigene Vergangenheit, er suhlt sich im Triumph über andere. Der Nationalismus, auch der neue, beschwört die heile alte Welt, die es niemals gegeben hat.

Ein demokratischer Patriotismus aber

ist kein wohliges Ruhekissen, sondern ein beständiger Ansporn. Ein Ansporn für alle, die nicht sagen: »Die beste Zeit liegt hinter uns«, sondern die sagen: »Wir wollen und wir können die Zukunft besser machen«. Das ist die Zuversicht von Demokraten – und das sollte unsere Haltung sein!

Trauen wir uns doch!

Zuversicht haben die Frauen und Männer bewiesen, die uns auf dem langen Weg zu Einigkeit und Recht und Freiheit in unserem Land vorangegangen sind. Die Vorkämpfer zur Zeit der Französischen Revolution, in der sehr kurzlebigen Mainzer Republik etwa, und im liberalen Vormärz, während der Revolution von 1848 und in der Frankfurter Paulskirche, deren Geist nicht nur die Weimarer Verfassung durchzieht, sondern auch unser heutiges Grundgesetz.

Und wenn wir genau hinschauen, dann entdecken wir noch frühere Anfänge von Selbstbestimmung und Gewaltenteilung, Anfänge, die bis ins Mittelalter zurückreichen, zum Stolz der Freien Reichs- oder Hansestädte etwa, zu den Freiheitsforderungen der deutschen Bauern, oder zur alten Reichsverfassung, von der sich sogar amerikanische Verfassungsväter inspirieren ließen.

Wir erinnern auch an diejenigen, die im Kaiserreich und in der Weimarer Republik, im Exil und im Widerstand gegen den Nationalsozialismus für Freiheit und Demokratie kämpften und von denen nicht wenige ihr Leben ließen.

Und vor allem denken wir heute an die Frauen und Männer, die im Herbst 1989 auf die Straßen strömten – in Leipzig, Dresden, Plauen und Chemnitz, in

Berlin, Potsdam, Halle und Magdeburg, in Arnstadt, Rostock und Schwerin. Sie haben den Weg zur Wiedervereinigung unseres Landes bereitet. Ohne ihre Friedliche Revolution, ohne ihren Mut und Freiheitswillen hätte es ihn nicht gegeben: den Fall der Mauer, jenen glücklichsten 9. November in unserer Geschichte. Auch daran erinnern wir heute in Dankbarkeit.

All diese Frauen und Männer haben nach und nach errungen, wovon die Deutschen lange Zeit nur träumen konnten: ein freies, vereintes, demokratisches Deutschland. Zu viele von ihnen sind heute vergessen. Ich wünsche mir, dass wir mehr Aufmerksamkeit, mehr

Herzblut und, ja, gern auch mehr finanzielle Mittel den Orten und den Protagonisten unserer Demokratiegeschichte widmen. Für das Selbstverständnis unserer Republik sollten wir mehr investieren als nur in die Grablege von Königen oder die Schlösser von Fürsten!

Wir alle, die wir uns zur Demokratie bekennen, die Millionen, die sich Tag um Tag für dieses Land engagieren, sie alle stehen in dieser Tradition. Sie zeigen durch tägliches Beispiel: Ein demokratischer Patriotismus ist keine Abstraktion und keine Kopfgeburt. Das Engagement dieser Bürgerinnen und Bürger entspringt doch nicht allein aus kühlem Verstand oder Berechnung, sondern bei

den allermeisten aus tiefstem Herzen.
Also: Trauen wir uns doch! Trauen wir uns, die Hoffnung, die republikanische Leidenschaft jener Novembertage auch in unserer Zeit zu zeigen. Trauen wir uns, den Anspruch zu erneuern:
Es lebe die deutsche Republik! Es lebe unsere Demokratie!

Dieser Text geht auf eine Rede zurück, die der Bundespräsident bei der Gedenkstunde des Deutschen Bundestags zum 9. November 2018 in Berlin gehalten hat.

Die Erlöse aus dem Verkauf dieses Buches gehen an den Verein Weimarer Republik e. V. und kommen dem »Haus der Weimarer Republik – Forum für Demokratie« in Weimar zugute.

MIX
Papier aus verantwortungsvollen Quellen
FSC® C014496

Verlagsgruppe Random House FSC® N001967

1. Auflage
Dezember 2018

Umschlag: Büro Jorge Schmidt, München
Druck und Bindung: GGP Media GmbH, Pößneck
Printed in Germany
ISBN 978-3-8275-0127-1

www.siedler-verlag.de

Dieses Buch ist auch als E-Book erhältlich.